Es geht

die Mär ...

... von einem ...

... kleinen
Haus ...

... immer.

Darin wohnt ...

... ein
Kerl, ...

... den keiner
kennt, ...

... und oben ...

... jeder nur ...

... den
Ollen Hansen
nennt.

für uns

DER OLLE

HANSEN

und seine
Bilder und Gedichte
aus Hansens Haus

Stimmungen

Ein Morgen wie dieser...

Der Olle Hansen
und die gute Laune
am frühen Morgen

oder:

Wie der Olle Hansen
das Wetter überredet,
ihm beim Frühstück
Gesellschaft zu leisten

Guten Morgen,

schönes Wetter!

Guten Morgen, schönes Wetter!
Komm, setz Dich zu mir
auf mein Dotter
und feier mit mir Frühstück!

Hier, auf Spiegeleiland
ist Platz für zwei;
und wenn die Sonne
gleich noch kommt,
dann sind wir sogar drei!

Sie wird uns unser Eiland braten,
gut durch, sagen wir 5 Minuten.

Wir werden es mit Klee garnieren,
mitten auf dem See servieren
und dann natürlich – probieren!

Schon nach dem ersten Bissen
werden wir nichts mehr vermissen!

Wir werden es
in die Welt hinaustuten:

Ein Morgen wie dieser
gehört zu den Guten!

Im Kopf
nichts
als einen
Schnabel …

Der Olle Hansen und die Freiheit

oder:

Wie der Olle Hansen
sich unter anderem
nichts wünschen würde,
wenn er sich etwas
wünschen könnte

Im Kopf nichts –
als einen Schnabel,
auf dem Buckel nichts –
als ein paar Federn,
vor sich nichts –
als Luft,
hinter sich nichts –
als Luft.

Über sich niemanden –
als den Himmel,
neben sich niemanden –
als den Zufall
und unter sich das Meer . . .

Hätte ich drei Wünsche frei,
ich wünschte mir
nichts,
niemanden
und
daß ich einmal
ein Vogel wär.

... und unter

sich...

... das

Meer ...

Ich würde
so gerne aufsteh'n
und geh'n ...

Der Olle Hansen
und die Melancholie

oder:

Wie der Olle Hansen
einer gewissen Dame
ab und zu
sein Leid klagt

Ich sitze in der Pumpe,

melancholie ...

Ich sitze in der Pampe,
Melancholie,
Du alte Schlampe.

Mir ist eine Laus
über die Seele gelaufen;
die würde ich gern'
höchstpersönlich ersaufen.

Ich weiß bloß nicht, wie,
Melancholie.

Ich sitze an einem Tümpel,
Melancholie,
mitten im Dreck,
meine Gefühle
sind ein Haufen Gerümpel.
Kitten und Kleben
hat keinen Zweck;
der Wurm ist drin,
das Zeug muß weg!

Ich weiß nur nicht, wie,
Melancholie.

Ich sitze auf einer Weide,
die nur noch einen Zweig hat,
Melancholie,
und leide.
Ich würde so gerne aufsteh'n
und geh'n
um wieder einmal jemand anderen
als Dich zu seh'n!

Ich weiß nur nicht, wie,
Melancholie.

... ich würde gern

aufsteh'n und geh'n...

Ach, ...

... hätte ich ...!

Der Olle Hansen
und das Nichtstun

oder:

Wie der Olle Hansen
in einer Blumenwiese liegt
und am liebsten
mehr Sinne haben würde

Ach, hätt' ich 1000 Nasen,
um Euch zu riechen!
Ich würde wie ein 1000-Nasen-Bär
durch Euch kriechen!

Ach, hätt' ich 1000 Hände,
um Euch zu pflücken!
Ich würde 1000 Mieder
mit Euch bestücken!

Ach, hätt' ich 1000 Augen,
um Euch zu erkennen!
Ich würde Euch alle
beim Vornamen nennen!

Ach, hätt' ich 1000 Ohren,
um Euch blühen zu hören!
Durch keinen Blattlaus-Schrei
ließ ich mich stören!

Ach, hätt' ich 1000 Zungen,
um Euch zu besingen!
Du lieber Hansen . . .
. . . das würde klingen!!!

Die Luft ist heut'

so schwer und dicht ...

Kalte Milch!

Der Olle Hansen
und sein Durst
auf kalte Milch

oder:

Wie der Olle Hansen
an einem heißen Tag
dem Saft der Kuh
ein Kompliment macht

Kalte Milch, ich hab'

So Durst auf Dich!

Die Luft ist heut' so schwer und dick,
daß ich sie nicht einmal am Stück
in meine Lungen bringe.
Was früher meine Zunge war,
das ist jetzt ein Stück Seife
mit Schleife.

Und nur noch Du, Du rettest mich –
kalte Milch, ich hab' so Durst auf Dich!

Der Schweiß klebt mir an Haut und Haar
und bildet schon Kristalle.
Auch, wenn es stimmt, daß ich einmal
zu 80 Teilen Wasser war –
jetzt bin ich alle!

Und nur noch Du, Du rettest mich –
kalte Milch, ich hab' so Durst auf Dich.

Kalte Milch, ich hab' so Durst auf Dich
Du weißer Saft vom Land!
Du schmeckst so durch und durch gesund;
und war ich grad noch auf dem Hund,
bin ich jetzt wieder obenauf
und sauf!

Und sauf!

Und sauf!

Meinem Alten
hinter den Zaun

Der Olle Hansen
und die Sehnsucht

oder:

Wie der Olle Hansen sich mit einem Freund auf den nächsten Tag freut

Morgen, Schlapphut,
geht's uns gut.

Wir werden durch Erika latschen
und schwitzen
und über Mücken und Fliegen fluchen,
die auf uns sitzen.
Der Grassamen wird uns
in den Socken jucken.
Wir werden uns zwischen zwei Fichten
zum 100sten Mal zu spät ducken
und mit einer Maske aus Spinnenspucke
vor den Augen weiterstapfen
über die Zapfen
vom vergangenen Jahr,
wo alles genauso war.

Morgen, Schlapphut,
geht's uns gut.
Wir werden den Wald hinter uns abschließen
und unter den größeren Buchen
im feuchten Laub
nach Eckern suchen
und an unseren alten Stellen nach Pilzen.
Wir werden Blaubeerfelder filzen
und Brombeerhecken,
und kleine Stöckchen
in lebendige Haufen stecken
und schadenfroh lachen,
wenn 13 Millionen
Ameisen
nicht mehr wissen, wo sie wohnen.

Morgen, Schlapphut,
geht's uns gut.
Wir werden zwei Hasen beim
Mundraub stören,
und ein Konzert für Specht und Larve hören.
Wir werden 3 bis 4 Wegweiser verdrehn
und, wenn es dunkel wird und kühler,
zu unser'm alten Hochsitz geh'n.
Das Zirpengesindel wird anfangen zu geigen,
wenn wir ihn besteigen.

Wir werden ein „O.H." in das Sitzbrett ritzen
und auf einmal
sehr viel Land besitzen.

Morgen, Schlapphut,
geht's uns gut.

... der Grassamen wird uns in den Socken jücken...

... weiterstapfen ...

.. denn
etwas, das
ist schön
an dir ...

... du nimmst
ein gutes Ende.

Der Olle Hansen
und sein Nachhauseweg

oder:

Wie der Olle Hansen
auch in Kuhscheiße
noch etwas Schönes
sehen kann

Du bist kein Weg wie andere
nach einem Regenguß.

Das Wasser steht Dir kragenhoch
in allen Rinnen.
Darin schneiden die Wolken schnell
hinter Lehm- und Unkrautzinnen
noch ein paar Fratzen,
bevor sie zerplatzen.
Bei jedem Schritt
muß ich um mein Gewebtes bangen.
Die Müller,
die früher das Wandern besangen,
sind ganz bestimmt
andere Wege gegangen.

Du bist kein Weg wie andere,
wenn Dich das Vieh benutzt.

Das, was die Kühe Dir von hinten gaben
glänzt jetzt in vielen seltenen Farben.
Darüber liegt etwas,
das nennt man sicher nicht Geruch.
Ich weiß nicht, ob Mistkäfer schon
an Kalorienmangel starben;
Wenn ja – hier wäre für den Rest genug.

Du bist kein Weg wie andere,
Du hergelaufene Furche,

wenn ich jedoch durch Deine Pfützen geh'
und um mich das verdaute Grünzeug seh'
klatscht in mir – weiß der Kuckuck was –
grinsend in beide Hände;
denn etwas, das ist schön an Dir:

Du nimmst ein gutes Ende.

Du tust
mir gut,
und
deshalb...

... bleibe ich
dir treu ...

Der Olle Hansen und seine Lust auf heißen Kaffee

oder:

Wie der Olle Hansen einer alten Freundin gesteht, daß er von ihr nicht loskommt

Von Dir
mit Deinen runden Messinghüften,
von Dir
mit Deiner feuchten,
kleinen Schnauze,
von Dir
mit Deinen aufreizenden Düften,
von Dir
brauch ich es jeden Tag
um vier.

Du gibst es mir:

Strömende Wärme
und ein Kribbeln
bis in den großen Zeh.

Du tust mir gut
und deshalb bleibe ich Dir treu,
*Madame chaudiere du Café.**

**Frau Kaffeekessel*

madame ...

Nach dem
Abendbrot sitz ich

gern in meinem alten
Sessel
im Moor...

Der Olle Hansen
und die Stunde nach dem Essen

oder:

Was dem Ollen Hansen
außer dicken Frauen
abends noch so in den Sinn
kommt

Nach dem Abendbrot
sitze ich gerne
in meinem alten Sessel
im Moor.

Dort hole ich genüßlich
hinter meinen Weisheitszähnen
den Schinken
der letzten Schnitte hervor.

Ich schließe die Augen,
kaue
und verdaue.

Auf einmal höre ich,
wie sich in meines Sessels
Sprungfedermagen
zwei weiße Mäuse
um eine brünette schlagen.
Ich höre ein paar alte Flöhe husten.
Aber auch einen jungen –
sicherlich Grippe.
Ich entdecke im Plüsch
ein Assel-Gerippe –
wahrscheinlich Mord
in Tateinheit mit Flucht –
und sehe dahinter eine ganze Zucht
halbstarker Wanzen,
wie sie auf den Flohwalzer
ihrer Mitmieter,
wohl um sie zu schockieren,
sehr asynchron
einen Labamba tanzen.

Die Platte ist kaum zuende,
da wollen die Erdbienen mit mir
über die neuen Löhne sprechen;
doch es ist schon fast acht,
und ich muß unterbrechen,
um, wie vereinbart,
mit drei strahlenden Glühwürmern
zu einem befreundeten
Regenwurm zu gehen
und dort
den neuesten Streifen zu sehen;
das Stück spielt unter dem Sessel,
hinter den Fransen
und heißt:

Die unglaublichen Spinnereien
des Barons von Hansen.

gleich bin ich weg.

Der Olle Hansen
und das Lesen

oder:

wie der Olle Hansen
dann und wann
in einem bestimmten Zimmer
verschwindet

Ich hab ein Zimmer

voll mit Türen …

Ich hab' ein Zimmer
voll mit Türen,
die mich in and're Zeiten führen,
und durch die ich so dann und wann
der Gegenwart
entkommen kann.

Die mach' ich auf,
wenn, was so ist,
mir einmal nicht genügend ist,
und geh' hindurch . . .
. . . hinein in Bücher,
gerad' so wie Feuchtigkeit
in Tücher.

In Druckerschwärze auf Papier
sicker ich langsam ein.

Gleich bin ich weg.

Und nur ein Fleck
auf den zwei aufgeschlag'nen Seiten
grüßt dich nochmal von mir
aus ander'n,
himmlisch ollen Zeiten . . .

Ich hab' ein Zimmer
voll mit Türen,
die mich in and're Zeiten führen,
und durch die ich so dann und wann
der Gegenwart
entkommen kann.

Guten Abend!

Ich werde heute
lange bleiben ...

Der Olle Hansen
und seine große Liebe

oder:

Wie der Olle Hansen
seinem Kirschbaum
eine Liebeserklärung macht

... hier
bin ich

bei dir
geborgen …

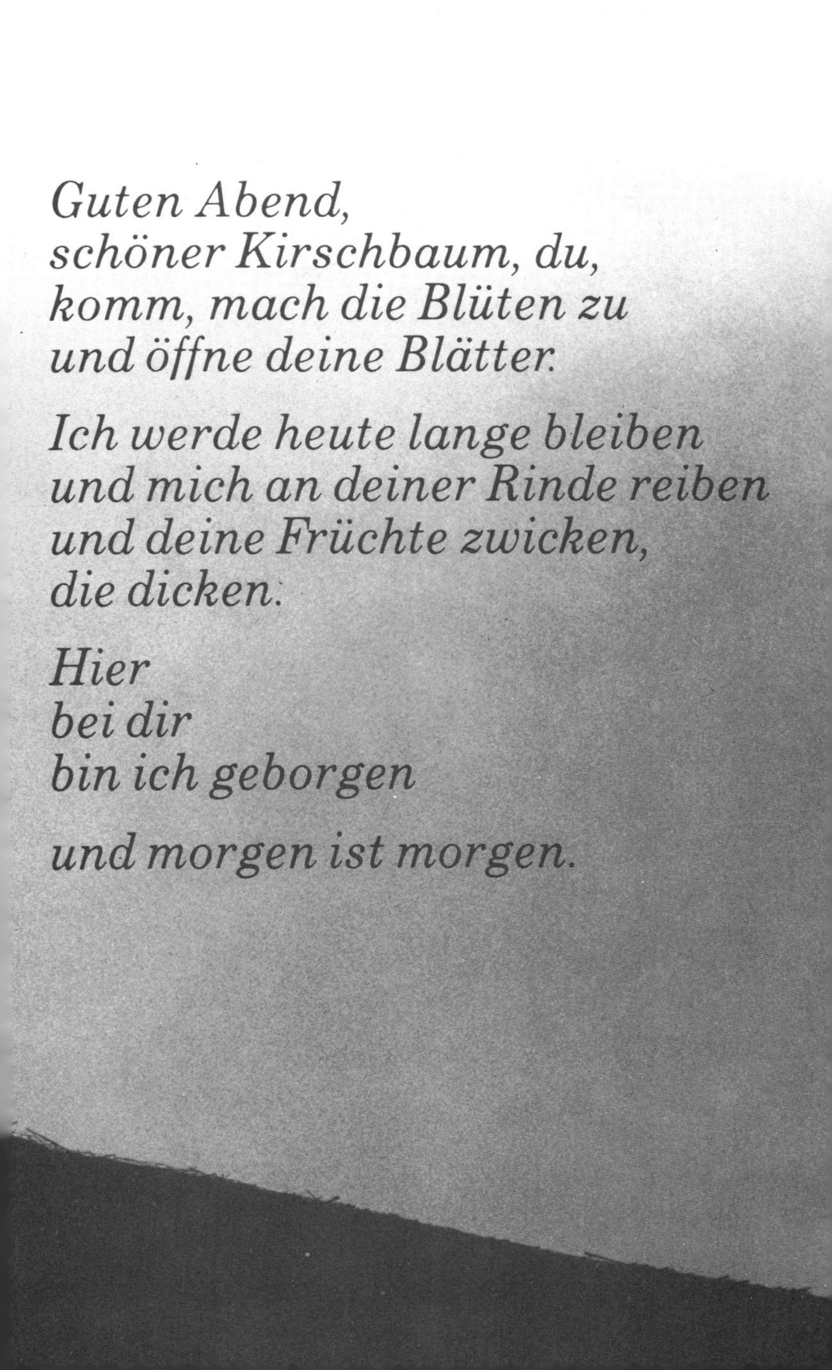

Guten Abend,
schöner Kirschbaum, du,
komm, mach die Blüten zu
und öffne deine Blätter.

Ich werde heute lange bleiben
und mich an deiner Rinde reiben
und deine Früchte zwicken,
die dicken.

Hier
bei dir
bin ich geborgen

und morgen ist morgen.

Gute Nacht,
Kinder,

schlaft schön
und träumt gut…

Der Olle Hansen
und seine Schlummerwolke

oder:

Wie der Olle Hansen
allen Kindern auf dieser Welt
eine gute Nacht wünscht

Gute Nacht, Kinder,

Schlaft schön
und träumt gut
von Opas schwarzem Hochklapphut,
von der neuen Bude bei Fritz,
von Tante Hedwigs doofem Spitz,
vom grünen Steinfresser,
vom Unglücksraben „Jammerschade“,
von Toast mit Marmelade,
vom Picknick im Urwald
bei den Schimpansen
und
von einer Reise
zum ollen
Han
sen.

tot ziens!

Die Bilderbücher aus Hansens Haus

Peter-Torsten Schulz

schrieb, malte und fotografierte:

Der olle Hansen und seine Stimmungen

Mit 12 heraustrennbaren Farbtafeln, 3 Bildtafeln und 12 Gedichten, kartoniert mit ausgestanztem Deckel im Geschenk-Schuber

»Liebenswert – dieses Prädikat verdient eines der originellsten Bilderbücher, das in den letzten Jahren erschienen und für Kinder wie Erwachsene gleichermaßen geeignet ist.« *Saarbrücker Zeitung*

»Ein kraftvoll buntes Skizzenbuch, voller Originalität, Leucht- und Farboder, abstrakt, Symbolkraft. Ein Buch zum ›Seiten-Rausreißen‹, zum Anspinnen, mit abgrundtiefen Bildern – man kann soviel hineinlegen, denken, grübeln ... und sie sind doch so kindlich einfach.« *Artis*

»... leichthin phantasiert und aquarelliert in den duftigsten, luftigsten Farben, kongenial gedruckt vom Haus DuMont.« *Deutsches Allgemeines Sonntagsblatt*

»Kaum jemand wird sich der Atmosphäre dieser im wahrsten Sinne des Wortes traumhaften Zeichnungen entziehen können.« *zuhause*

Die Bilderbücher aus Hansens Haus

Rapunzel

Liebeslieder aus Hansens Haus
Von Peter Torsten Schulz. 148 Seiten mit 141 Seiten Farbfotos, davon 20 Seiten in Farbe, kartoniert im Geschenk-Schuber

»Peter Torsten Schulz schuf hier ein Buch, das ein noch heiles Verhältnis ›Mensch-Natur‹ zeigt, fernab vom hektischen Getriebe der Städte. Er weckt Sehnsüchte nach Miteinander ohne Streit und Hader, regt an, mal wieder müßig zu sein, den Alltagskram abzustreifen, sich ins Gras zu legen und zu träumen.« *Neue Ruhr Zeitung*

»Mit den ebenso empfindsamen wie widerborstigen Texten und den zarten Fotos ist ›Rapunzel‹ ein sehr poetisches Buch geworden.«
Westdeutsche Allgemeine Zeitung

Der Esel

Fabelhaftes aus Hansens Haus
Von Peter Torsten Schulz. 96 Seiten mit 28 farbigen und 21 einfarbigen Abbildungen, steifkartoniert

»Seitenzahlen hat das Buch nicht, dafür aber Bilder und Verse und Fabeln; Tiefsinn und nicht so tiefen Sinn, dafür aber Witz und eine phantastische Reihe von Möglichkeiten, ein kleines Haus mit rotem Dach auf einem Bild zu placieren.« *Der Tagesspiegel, Berlin*

»Nichts zum Lachen, aber viel zum Schmunzeln. Ein Buch, das jedem, der kein Miesepeter ist, die schlechte Laune vertreiben kann.« *Die Welt*

Schönen Gruß!

Gedicht-Postkarten aus Hansens Haus
Von Peter Torsten Schulz. Ein Postkartenbuch mit heraustrennbaren Karten, mit mehrfarbigen Wiedergaben nach Zeichnungen und je einem Gedicht, ausgestanztem Deckel, kartoniert

»12 Karten mit ganz herrlich naiven und witzigen Situationen, die Schulz mit sensiblen, frechen und nachdrücklichen Versen schmückt. Ein Gesamtkunstwerk ist hier entstanden, eine Kostbarkeit en miniature wie der Gedanke ›Es war einmal ein Augenblick, der guckte unverfänglich, jetzt hat er lebenslänglich.‹« *Wetzlarer Neue Zeitung*

Alles Liebe, dein Rapunzel

Lieder-Postkarten aus Hansens Haus
Von Peter Torsten Schulz. Ein Postkartenbuch mit heraustrennbaren Karten, mit 8 mehrfarbigen und 8 zweifarbigen Wiedergaben nach Fotos und je einem Gedicht, ausgestanztem Deckel, kartoniert

Dieses Büchlein enthält eine Auswahl der schönsten und stimmungsvollsten Bilder und Gedichte aus ›Rapunzel‹.

»Es geht die Mär / von einem kleinen Haus umher. / Darin wohnt ein Kerl, / den keiner kennt, / und den jeder nur den ›ollen Hansen‹ nennt . . .«

DuMont Taschenbücher

Stand Frühjahr '80

»Die Reihe ist aktuell und vielseitig und bietet eine Fülle von farbigen und einfarbigen Abbildungen. Inhaltlich stehen Informationen und Dokumentation im Vordergrund. Aktualität auch bei kunsthistorisch weiter zurückliegenden Komplexen« *Stuttgarter Nachrichten*

Band 2
Horst W. und Dora Jane Janson
Malerei unserer Welt

Band 3
August Macke Die Tunisreise

Band 4 Uwe M. Schneede
René Magritte

Band 5 Ernst Günther Grimme
Pieter Bruegel d. Ä.

Band 6 Karin Thomas
DuMont's kleines Sachwörterbuch zur Kunst des 20. Jahrhunderts

Band 7 Hans Joachim Albrecht
Farbe als Sprache

Band 8 Christian Geelhaar
Paul Klee

Band 12 José Pierre
DuMont's kleines Lexikon des Surrealismus

Band 13 Joseph-Émile Muller
DuMont's kleines Lexikon des Expressionismus

Band 14 Jens Christian Jensen
Caspar David Friedrich

Band 15 Heijo Klein
DuMont's kleines Sachwörterbuch der Drucktechnik und grafischen Kunst

Band 17 André Stoll
Asterix – das Trivialepos Frankreichs

Band 18 Horst Richter
Geschichte der Malerei im 20. Jahrhundert

Band 22 Wolfgang Brückner
Elfenreigen – Hochzeitstraum

Band 23 Horst Keller
Marc Chagall

Band 25 Gabriele Sterner
Jugenstil

Band 26 Jens Christian Jensen
Carl Spitzweg

Band 27 Oto Bihalji-Merin
Die Malerei der Naiven

Band 28 Hans Holländer
Hieronymus Bosch

Band 29 Herbert Alexander Stützer
Die Etrusker und ihre Welt

Band 30
Johannes Pawlik (Hrsg.)
Malen lernen

Band 31 Jean Selz
DuMont's kleines Lexikon des Impressionismus

Band 32 Uwe M. Schneede
George Grosz

Band 33 **Erwin Panofsky**
Sinn und Deutung in der bildenden Kunst

Band 35 Evert van Uitert
Vincent van Gogh

Band 38 Ingeborg Tetzlaff
Romanische Kapitelle in Frankreich

Band 39 Joost Elffers (Hrsg).
DuMont's Kopfzerbrecher
TANGRAM

Band 40 Walter Pach
Auguste Renoir

Band 41 Heinrich Wiegand Petzet
Heinrich Vogeler – Zeichnungen

Band 43 Karl Heinz Krons
Gestalten mit Papier

Band 44 Fritz Baumgart
DuMont's kleines Sachlexikon der Architektur

Band 45 Jens Christian Jensen
Philipp Otto Runge

Band 46 **Walter Friedlaender**
Hauptströmungen der französischen Malerei von David bis Delacroix

Band 47 Paul Vogt
Der Blaue Reiter

Band 48 Hans H. Hofstätter
Aubrey Beardsley Zeichnungen

Band 49 Heinrich Hüning
Gestalten mit Holz

Band 50 **Conrad Fiedler**
Schriften über Kunst

Band 51 Martin Warnke
Peter Paul Rubens

Band 52 Jörg Krichbaum/
Rein A. Zondergeld
DuMont's kleines Lexikon der Phantastischen Malerei

Band 53 Edward Quinn
Picasso

Band 54
Karin Thomas / Gerd de Vries
DuMont's Künstler-Lexikon von 1945 bis zur Gegenwart

Band 55 Kurt Schreiner
Kreatives Arbeiten mit Textilien

Band 56 Ingeborg Tetzlaff
Romanische Portale in Frankreich

Band 57 Götz Adriani
Toulouse-Lautrec und das Paris um 1900

Band 58 Hugo Schöttle
Du Mont's Lexikon der Fotografie

Band 59 Hugo Munsterberg
Zen-Kunst

Band 60 Hans H. Hofstätter
Gustave Moreau

Band 61
Martin Schuster / Horst Beisl
Kunst-Psychologie

Band 62 Karl Clausberg
Die Manesische Liederhandschrift

Band 63 Hans Neuhaus
Werken mit Ton

Band 65 Harald Küppers
Das Grundgesetz der Farbenlehre

Band 66 Sam Loyd /
Martin Gardner (Hrsg.)
Mathematische Rätsel und Spiele

Band 67 Fritz Baumgart
»Blumen-Brueghel«

Band 68 Jörg Krichbaum
Albrecht Altdorfer

Band 69 Erich Burger
Norwegische Stabkirchen

Band 70 **Ernst H. Gombrich**
Kunst und Fortschritt

Band 71 José Pierre
DuMont's kleines Lexikon der Pop Art

72 Mike Schuyt/Joost Elffers
Rudolf Steiner und seine Architektur

Band 73 Gabriele Sterner
Barcelona: Antoni Gaudi

Band 74 Eckart Kleßmann
Die deutsche Romantik

Band 75 Hilda Sandtner
Stoffmalerei und Stoffdruck

Band 76 Werner Spies
Max Ernst 1950–1970

Band 77 Wolfgang Hainke
Siebdruck

Band 78 Wilhelm Rüdiger
Die gotische Kathedrale

Band 79 Otto Kallir
Grandma Moses

Band 80 Rainer Wick / Astrid Wick-Kmoch (Hrsg.)
Kunst-Soziologie

Band 81 Klaus Fischer
Erotik und Askese in Kult und Kunst der Inder

Band 82 Jorg Krichbaum / Rein A. Zondergeld
Künstlerinnen

Band 83 Ekkehard Kaemmerling
Bildende Kunst als Zeichensystem 1

Band 84 Hermann Leber
Plastisches Gestalten

Band 85 Sam Loyd
Noch mehr Mathematische Rätsel und Spiele

Band 86 **Rudolf Arnheim**
Entropie und Kunst

Band 87 Hans Giffhorn
Kritik der Kunstpädagogik

Band 88 Thomas Walters (Hrsg.)
Jugendstil-Graphik

Band 89 Ingeborg Tetzlaff
Griechische Vasenbilder

Band 90 **Ernesto Grassi**
Die Theorie des Schönen

Band 91 Hermann Leber
Aquarellieren lernen

Band 92 Jörg Krichbaum
DuMont's Lexikon der Fotografen

Band 93 Joost Elffers / Mike Schuyt
Das Hexenspiel
Finger-Fadenspiele neu entdeckt

Im Sommer 1980 erscheinen:

Band 94 Kurt Schreiner
Puppen & Theater
Herstellung – Gestaltung – Spiel

Band 95 Karl Henning
Japanische Gartenkunst

Band 96 Hans Gotthard Vierhuff
Die Neue Sachlichkeit
Malerei und Fotografie

Reproduktion: Offset-Repro-Zentrum, Düsseldorf
Druck: Druckerei Herbert Förner, Bad Kreuznach
Buchbinderische Verarbeitung: Boss-Druck, Kleve

Printed in Germany ISBN 3-7701-1249-0

NA